AF263343

LES MIASMES

DE

LA RÉPUBLIQUE

EN FRANCE

1871

FÉLIX GIRARD, LIBRAIRE ÉDITEUR

LYON | PARIS
Rue St-Dominique, 6 | Rue Cassette, 30

LES MIASMES
DE LA RÉPUBLIQUE
EN FRANCE

Les siècles vieillissent, et avec eux les sociétés, qui ne peuvent aller loin avec des nerfs amollis, un sang corrompu et des membres ulcérés. Et l'on répète chaque jour :

L'humanité marche, marche sans cesse...

Mais où va-t-elle donc? Beaucoup affirment qu'elle suit la route du soleil, d'orient en occident, que pas un obstacle ne s'oppose à sa course triomphale, et qu'en s'attachant aux traces du progrès elle atteindra bientôt ce que l'humanité d'autrefois, trop ignorante et trop grossière, n'a pu saisir ici-bas, c'est-à-dire la perfection et le bonheur.

Folie que cette espérance.

L'on peut en juger par le temps présent : la société est dans un affreux délire, et rien ne nous garantit qu'il n'y aura plus de révolutions, plus de guerres désastreuses, que l'avenir ne ressemblera pas au passé.

Oui, depuis 93, de révolutions en révolutions, de catastrophes en catastrophes, la France en souffrant a bien marché pour arriver à être aujourd'hui non seulement envahie, vaincue, humiliée, mais encore menacée de la guerre civile.

Espoir néanmoins ! Les Français se sont retrouvés, reconnus ; ils ont appelé au pouvoir des hommes honnêtes, expérimentés, dévoués.

A ces hommes de flétrir, de contenir, de punir sévèrement ces Français, honte de la France, ces rebuts de notre société, qui poussent au désordre, à l'impiété, et dont nous allons essayer de tracer une esquisse rapide. Ah ! qu'ils se hâtent, qu'ils délivrent la France de tous ses ennemis. L'anéantissement de la Pologne a été une catastrophe, l'anéantissement de la France serait un cataclysme.

I

LES IDIOTS.

Au jour mémorable du 4 septembre, lors de la proclamation de la République, la foule turbulente des villes couvrait les grandes places, que l'on aurait prises pour autant de lacs agités menaçant de lancer leurs flots courroucés hors de leurs rivages.

Parmi tous ces hommes épanouis de joie tandis que leurs fils, leurs frères, leurs amis, leurs compatriotes venaient de mourir sur les champs de bataille ou se recueillaient en silence pour combattre de nouveau le lendemain, il s'en trouvait un grand nombre dont la physionomie et les allures ont dû attirer l'attention des hommes intelligents. D'un air bestial, les yeux démesurément ouverts, la bouche béante, ils étaient là à attendre on ne sait quoi, peut-être que la République en personne tombât du ciel. Devant le drapeau rouge qui flottait, ils criaient à tue-tête :

Vive la République !

Ces ignorants, ces perdus de vices savaient-ils bien ce que c'est que la République ? Ce qu'ils disaient d'elle faisait frémir, et réveillait la pitié pour eux plutôt que le mépris.

Quand on a dit que la République avait été acclamée avec enthousiasme par les populations, a-t-on voulu parler de ces scènes grotesques qui ont eu lieu dans les rues, sur les places, dans les carrefours? Oui, sans doute, et certes ce n'était pas une gloire pour le nouveau gouvernement; mais les radicaux sont si fiers des applaudissements et des bulletins de vote des bâtards et des idiots des villes !

Pendant que les fameux citoyens des villes buvaient pour fêter l'avénement de la République, ces paysans si maltraités, si calomniés dans les journaux de la démocratie radicale, acceptant sans mot dire les nouveaux potentats, songeaient avec douleur aux malheurs de la patrie, et se disposaient à faire leurs adieux à leurs fils devenus subitement soldats pour défendre leur chère France en danger.

II

LES AFFAMÉS.

La République était le bonheur, du moins on l'avait répété bien souvent. La République est venue, mais le bonheur est resté en route, et l'on n'est pas près de le voir arriver. Combien d'illusions ont dû s'évanouir !

Ceux qui avaient faim n'ont point été rassasiés comme ils l'avaient espéré. Plus que jamais le travail a manqué à tant de bras déjà amaigris par de cruelles souffrances, et par suite rien pour subsister. N'a-t-on pas vu, ne voiton pas encore dans les rues, dans les mansardes, des hommes, des femmes, des enfants au teint pâle, aux joues creuses, aux yeux rouges et baignés de larmes ? Ils manquent de nourriture, ils dépérissent, ils meurent, et néanmoins chaque jour ils deviennent plus nombreux.

Infortunés, vous êtes trompés, vous êtes trahis! Ces écrivains que vous vantez et que vous devriez maudire ont fait passer devant vos yeux, comme des ombres chinoises, des pages que vous trouviez dorées, mais qui étaient noires de perfidies; et maintenant de l'idéal où vous jouissiez il vous a fallu tomber dans la réalité où vous souffrez. Vous apprendrez à vos dépens ce que peuvent, ce que valent vos adulateurs et vos saints; si vous n'avez pas d'autres protecteurs, vous mourrez dans le déshonneur et la misère.

Et cependant, bercés toujours d'un fol espoir, excités par d'atroces souffrances, ces malheureux ne croient avoir d'autre ressource que de se dévouer davantage encore aux perfides qui les égarent. Ils écoutent les perturbateurs et les suivent comme leurs champions. Dans tous les clubs, dans tous les soulèvements, dans toutes les manifestations publiques, ce sont eux que l'on rencontre criant d'une voix affaiblie :

Vive la République !

Ce qui, suivant eux, veut dire : Vive le désordre ! vive l'anarchie ! vive le communisme !

Mais le communisme et l'anarchie ne règnent pas encore, et ceux que la société ne rejette pas de son sein sont de nouveau condamnés aux fatigues et aux privations.

O sainte République, veillez sur ces pauvres délaissés, pensez à ces misérables !

III

LES DÉBITEURS.

Parmi les citoyens qui se remuent le plus et jouent si gros jeu avec les passions populaires pour atteindre dans la société le rang qu'ils convoitent, l'on peut compter ces hommes gratifiés d'une modique instruction, qui n'ont point su gérer leurs propres affaires, et qui, après avoir dissipé avec légèreté ou perdu par leurs fautes leur patrimoine, se trouvent encore accablés de dettes.

Ceux d'entre ces hommes dont le jugement est le moins solide sont les plus acharnés à poursuivre leur but. Pour mettre au comble leurs prétentions exagérées, ils se persuadent que le seul moyen propre à les tirer d'embarras, c'est de prendre de l'audace et de marcher hardiment. Et d'ailleurs ce qu'ils hasardent, c'est l'argent que par des procédés indignes ils trouvent encore à emprunter et qu'ils ne pourront jamais rendre ; ce qu'ils dépensent, c'est le repos et le bonheur de ceux qui les aiment et les suivent. Et tout cela pour eux est si peu de chose ! Ont-ils, ces frauduleux, les sentiments de la charité et de l'honneur?

Sans parler de ces emplois déjà élevés et lucratifs du gouvernement qui ne doivent être confiés qu'à des hommes habiles et honnêtes, et qui ont été livrés sans merci à des personnages nouveaux que la République a sauvés de la banqueroute ; sans s'arrêter à tant d'ignominies qui ont été commises, l'on a pu voir un homme célèbre par ses menées sourdes et odieuses, par ses prodigalités aux jours des élections, devenir le petit-maître, c'est-à-dire le préfet d'un beau département. On disait avec raison, en parlant de ce parvenu : C'est un criblé de dettes, il faut se méfier de ce gars ; épions, soignons bien la caisse. Inutile ! le préfet a la clef des coffres-forts. Et les comptes à rendre?... Ah ! le faussaire n'est pas loin.

Républicains, amis de l'ordre, voilà par qui vous êtes gouvernés ! Vous commencez à le comprendre ; n'est-ce pas un peu tard ?

IV

LES CLUBISTES.

Quand la nuit est venue, alors que les honnêtes gens rentrés chez eux se disposent à prendre leur repos, l'on aperçoit souvent à travers les villes des hommes aller çà et là en discutant, et se réunir, pour s'enivrer du vin des passions, dans des lieux où réside, ce semble, la déesse de la démagogie ; c'est l'heure préférée où les clubs se forment et vont gronder.

Dès que l'assemblée paraît être au complet, une espèce de tribune est improvisée, un sectaire y monte et demande un silence qu'il n'obtient pas sans peine ; il prêche la division parmi les citoyens, il excite et pousse au vol, aux massacres, au renversement de la religion ; vil suppôt de l'esprit de l'abîme, il parodie la rage du damné.

Et voilà que ce triste orateur, applaudi par les uns, ne parle pas assez bien au gré de beaucoup d'autres plus altérés de vices. De tous côtés il est hué ; on l'oblige enfin à se taire, à céder la parole à un autre plus stupide, plus jongleur et plus infernal que lui.

Et toujours des bravos d'un côté et de l'autre des sifflements. Les hâbleurs se succèdent au milieu d'un tumulte inexprimable. Un d'entre eux, sous l'impression d'un journal de la veille qu'il a lu ou qu'on lui a débité à moitié, tâche de se remémorer tel ou tel article, le commente à sa manière, et il se trouve enfin qu'il a découvert ce qu'il n'y avait pas dans la feuille publique.

Les heures coulent, la fatigue et le sommeil viennent surprendre ces anarchistes ; chacun se retire péniblement, non sans avoir proféré mille blasphèmes, mille malédictions, et crié :

Vive la République !

Ces hommes dégénérés ne s'aiment point, ils se haïssent les uns les autres, ils ne savent rien se pardonner, ce qui explique toutes ces vociférations, toutes ces disputes, toutes ces luttes sanglantes qui interrompent parfois le silence des nuits. Pauvres clubistes ! vous ne vous apercevez donc pas que vous allez au devant de terribles châtiments, car vous ne triompherez jamais !

Et voilà comment la France s'est laissé déshonorer ! Et voilà comment la France, poussée vers les bords de l'abîme, y tomberait infailliblement, si elle ne se hâtait de s'en écarter !

V

LA GUILLOTINE.

« Nos ennemis ont dans les veines un sang corrompu, et ce sang il faut le répandre, en empourprer les échafauds. »

Ceux qui parlent ainsi sont les plus grands dépravés que porte la terre, et leurs ennemis sont les nobles, les riches, les honnêtes gens. Certains hommes, tigres de naissance, ont une soif de sang, soit qu'ils veuillent satisfaire leurs passions ou plutôt leurs instincts de bêtes féroces, soit qu'ils brûlent de s'emparer des biens de leurs victimes.

Sous l'Empire, alors que le désordre matériel était encore comprimé, ces contempteurs de Dieu et des hommes rêvaient sans cesse massacres et pillages. Durant la nuit surtout, plongés dans un demi-sommeil, ils dressaient pour ainsi dire les guillotines, faisaient glisser le coutelas qui tranchait de bien belles, de bien nobles têtes ; et ces sauvages de se réjouir, de sourire, de battre des mains. Ils pillaient ensuite les splendides demeures, les châteaux, les temples qui devenaient la proie des flammes ; mais de nouveau il leur fallait du sang ; il leur était facile de trouver des ennemis à immoler, même parmi leurs bienfaiteurs. Et des têtes tombaient toujours.

Voilà ce que beaucoup rêvaient depuis longtemps, quand est née notre troisième République, objet de tous leurs vœux.

Le signal est donné : les idiots, les affamés, les débiteurs,

les clubistes se tendent la main ; de tous les bas-fonds de
la société s'élèvent de terribles rugissements, et les échos
trop dociles répètent ces mots :

Vive la République ! vive la commune ! Pour mieux dire :
Vive la guillotine !

Les noms de ceux qui doivent succomber les premiers
sont déjà prononcés ; les accusés se multiplient en même
temps que les accusateurs ; l'orage va éclater.

Mais non, l'orage n'éclatera pas, c'est la France qui l'a
dit dans les dernières élections. La France a maintenant
des hommes puissants qui ne faibliront pas.

Doux amis de la guillotine, rêvez, rêvez toujours !

VI

LES JOURNALISTES.

Depuis qu'épurée par les épreuves, fortifiée par les com-
bats, grandie par la liberté, la presse a acquis cette puis-
sance formidable qu'elle possède aujourd'hui, il est né-
cessaire que ceux qui s'y adonnent n'usent de leur plume,
arme à la fois terrible et douce, que pour faire briller la
vérité, flétrir le vice, louer, défendre la vertu opprimée.

Si un homme trahit, corrompt le peuple, qu'il soit mau-
dit ; si un homme va faisant le bien, il faut l'encourager,
le bénir. En un mot, que, sans parti pris, la justice soit
rendue libre et entière en tout et partout. C'est le devoir
sacré de la presse, vaste tribunal où siégent les maîtres
de l'opinion publique.

Et alors les méchants se contiendront mieux. Et alors
aussi les bons rassurés redoubleront d'ardeur et de dé-
vouement.

La presse serait belle, grande, glorieuse, si l'on n'y rencontrait que l'horreur du vice, que l'amour pour la vertu, qu'une vérité sincère. Mais, comme partout, les passions s'y glissent, et des colonnes de journaux sont souvent remplies par des articles regrettables et mensongers. Que de fois la vertu s'y trouve horriblement maltraitée ! Que d'innocents y sont calomniés et jugés coupables ! Que l'on y berce le peuple d'une espérance frivole ! Que l'on y sait bien exciter les mauvaises passions !

Les divisions et les haines devraient être étouffées avec soin, principalement parmi les écrivains de la presse quotidienne, parce qu'ils ne laissent guère le temps aux esprits de se refroidir et d'être calmes. Le jugement fait trop souvent défaut à la plupart des nombreux lecteurs qui se trompent et s'égarent.

Que voit-on dans les journaux ? Chaque jour des attaques, chaque jour des répliques, duels indignes qui scandalisent les lecteurs et les poussent à la corruption. Et pourquoi avoir attaqué de vaillants et honorables généraux parce que la victoire n'avait pas couronné leurs héroïques efforts ? Pourquoi les avoir ainsi portés au découragement, au désespoir ? Pensiez-vous, lâches journalistes, à l'aide de ces procédés ignobles, leur faire gagner des batailles ? Vous avez contribué à perdre la France.

Et plus les écrivains sont renommés, plus ils ont de talent ou de génie, plus ils engendrent de maux. Pour ceux-là mieux vaudrait qu'ils n'écrivissent pas ; la postérité les jugera froidement, et triste sera leur mémoire.

Tous ces petits prosateurs dont souvent les phrases ne sont même pas correctes font, il est vrai, hausser les épaules, et récréent à leurs dépens les hommes instruits et de bon sens ; mais encore nuisent-ils au plus grand nombre de lecteurs qui les comprennent mieux. A ceux-là peu importe la postérité ; elle ne les connaîtra pas.

VII

LES INCAPABLES.

Les impudents! ils ont jeté dans le désarroi le plus complet notre organisation militaire. Ils ont administré nos départements avec une incurie flagrante; ils ont travaillé à ruiner, à abaisser la France.

Au lendemain de la République ont paru des hommes nouveaux. Quels titres avaient-ils à être nos gouvernants? Ces titres, c'était d'abord une grande présomption, un esprit satanique de désordre, et ensuite une ambition dont les petites têtes se gonflent tellement qu'elles crèvent. Ils ne pouvaient pas nous apporter une longue et sage expérience, et, dans les circonstances désastreuses où se trouvait la France, étaient-ils capables de remplir la lourde tâche qu'ils s'étaient imposée comme par complaisance? La preuve irrécusable est dans ce qui est arrivé : accablés par l'énorme fardeau qui les écrasait, démolis par leurs propres fautes qu'ils multipliaient avant de déguerpir, la plupart de ces incapables sont tombés d'eux-mêmes. Ont-ils relevé le moral affaibli de nos armées? Non, mille fois non! Non seulement nos dévoués soldats désespéraient de remporter la victoire, mais sans nourriture, sans chaussures, à demi vêtus, ils mouraient de faim et de froid. Combien de vaillants guerriers pleuraient de rage avant de trépasser! La mort ne les amollissait pas, ne les effrayait pas; ils auraient voulu succomber sous le fer de l'ennemi.

Ces hommes de peu ont-ils ramené la discipline, eux qui n'avaient que ce mot à la bouche? Ah! partout on les a trouvés impuissants à secourir la France. Ils n'ont même pas su rétablir le calme dans les foyers, faire naître la confiance dans le peuple et lui parler de ses devoirs en

même temps que de ses droits. Enivrés de désordre et d'a-
narchie, sait-on jusqu'où ils seraient allés? Ils étaient arri-
vés à ce point que beaucoup de Français répétaient souvent
cette horrible phrase :

A quoi bon chasser les Prussiens? Ils empêchent que la
guillotine fonctionne dans toutes nos cités.

VIII

LES INDISCIPLINÉS.

Quoique ayant un sac sur le dos, un fusil sur l'épaule,
ceux qui devaient être soldats ne l'ont pas tous été. Beaucoup de jeunes gens de nos villes principalement se sont
engagés dans les corps de francs-tireurs ou autres sembla-
bles, et cela pour ne pas être astreints à la discipline même
bien relâchée de notre armée régulière. Combien de ces pol-
trons guerroyaient en amateurs, vivant bien, ne se refusant
aucun plaisir! Corrompus jusqu'à la moelle des os, ils
avaient emmené avec eux des jeunes filles, comme eux vê-
tues, pour satisfaire leurs passions, ces passions qui dégra-
dent et énervent l'homme. Et l'on espérait en eux !

Il a fallu le gouvernement du 4 septembre pour qu'en
France tous ces indisciplinés fussent approuvés; il a fallu
une République sacrilége.

Il n'y avait déjà que très-peu de discipline dans la garde
nationale mobile, et, pour la diminuer encore, il fut décidé
que les chefs seraient nommés par voie d'élection dans ces
jeunes et inexpérimentés bataillons dont on aurait pu faire, si
on l'avait voulu, une vigoureuse armée. Les élus furent ceux
qui avaient distribué le plus d'argent ou versé le plus à
boire; ils furent encore ceux qui avaient été le moins sé-
vères.

Dans l'armée, les élections des chefs ne pouvaient, ne devaient pas avoir lieu; notre dictateur le comprit bien, mais le plus grand mal était fait. Combien de soldats n'a-t-on pas vus déshonorer leur uniforme dans les rues, au milieu même du jour? Que de chefs ont été bafoués, ridiculisés! Appelés comme les autres sous les drapeaux, les voyous avaient beau jeu; ils ont laissé des traces de désordre, d'infamie partout où ils ont passé.

Et c'est avec ces bandes d'indisciplinés que l'on voulait sauver la France! Hélas! la République ne disposait guère d'autres hommes; pour elle aucun héros ne naissait, mais des pygmées en abondance lui souriaient.

Soldats dépravés, hurlez, hurlez toujours *la Marseillaise!*

IX

LES TYRANS.

La République n'a pas tué les tyrans; au contraire, elle en a fait naître d'autres; mais ces derniers, heureusement, n'étaient que des avortons, ils n'ont fait que passer. Ils ont jeté le masque, ils se sont montrés tels qu'ils étaient; il faut leur en savoir gré, on les connaît maintenant, on sait ce dont ils sont capables et ce qu'ils voulaient faire de la France.

Hé quoi! ces cruels, ces perfides, ils voulaient sacrifier la France à un parti! Ils osaient dire:

Périsse la France plutôt que la République!

Est-ce donc la République qui a fait la France? Non, et dans tous les cœurs honnêtes sont gravés les noms des véritables fondateurs de la France, et ce ne sont certes pas des républicains, sans parler même de nos tristes radicaux.

Qu'ont-ils fait de la liberté, nos potentats d'hier? Comment l'ont-ils comprise? Ils ont entendu la liberté pour eux mais non pas pour les autres, non pas pour leurs adversaires. Ils ont tyrannisé le pays. Au lieu de consacrer à la défense de la patrie un temps si précieux, ils l'ont employé à chasser de leurs demeures religieux et religieuses. Ils ont proscrit des écoles la religion ; il était défendu aux petits enfants de prier Dieu ensemble.

Et dans l'armée, que de chefs capables et honorables ont été arbitrairement destitués ! Et ailleurs, dans la magistrature, combien de personnages distingués ont failli succomber ! Ah ! ils se hâtaient, ces tyrans, d'assouvir leur haine infernale ; ils sentaient bien que leur règne ne serait pas long.

Ce n'est pas tout : notre dictateur méditait un coup d'Etat, un autre 2 décembre. Horreur ! Les victimes eussent été les honnêtes gens et non la canaille.

Mais ces tyrans sont morts.

X

La conclusion de tout ce qui précède luit à tous les yeux : c'est que la République risque bien de ne jamais prendre racine en France. Ceux qui la veulent le plus, ceux qui la crient le plus, sont justement ceux qui lui portent les plus rudes coups. Les Français ne savent point se modérer. La République est-elle proclamée? voilà aussitôt la France dans un véritable chaos, dans la rébellion, dans l'anarchie. Toutes les plus funestes passions endormies se réveillent, la société est bouleversée de fond en comble, les méchants règnent, la justice est foulée aux pieds, et l'on n'a bientôt plus d'espoir qu'en un roi.

Et cependant la République est un beau gouvernement, eut-être bien le meilleur de tous les gouvernements. La

République a occupé les plus grands esprits dont se glorifie l'humanité ; elle a fait rêver Platon, Cicéron et tant d'autres grands hommes. Pour qu'elle subsistât en France, il faudrait que les Français fussent moins frivoles, moins excentriques, moins divisés et surtout plus prudents. La question serait vite tranchée, si parmi nous ne fourmillaient pas ces moteurs de désordre, ces petits ambitieux qui n'aspirent qu'à vilipender la France. A nous, Français, qui aimons notre belle patrie, de nous mettre sur nos gardes ; ne marchandons point notre existence lorsque le salut de la France en pourra être le prix.

O France, auguste reine des nations, malgré tes fautes, malgré tes plaies, malgré tes nombreuses défaites, tu nous paraîtras toujours grande, toujours belle, toujours glorieuse. A ton nom, synonyme de l'honneur et du courage, notre cœur est saisi d'un tressaillement délicieux. Aussi bat-il à jamais pour toi ce cœur qu'un heureux destin a voulu te donner.

Ici certains critiques ne manqueront pas de s'écrier :

Hé ! quelle grâce peut avoir un Français à publier qu'il aime la France ? Nous l'aimons tous autant que lui.

Voici notre réponse ; nous voudrions qu'elle fût moins vraie :

Non, Français, non, vous n'aimez pas tous la France !

FIN.

Lyon. — Impr. de Félix Girard, rue St-Dominique, 13.